I0797352

NUESTRO GOBIERNO FEDERAL

LA CORTE SUPREMA

Simon Rose

Entre a
www.openlightbox.com
e ingrese el código único
de este libro.

CÓDIGO DE ACCESO

LBXB9643

Lightbox es una completa solución digital para enseñar y aprender temas curriculares de una manera original e innovadora. Lightbox se basa en las Normas Curriculares Nacionales.

CARACTERÍSTICAS ESTÁNDAR DE LIGHTBOX

AUDIO Narraciones de alta calidad con sistema de texto a voz

ACTIVIDADES PDFs imprimibles que pueden enviarse por correo electrónico y calificarse

PRESENTACIÓN EN DIAPOSITIVAS Ilustraciones gráficas de los conceptos clave

VIDEOS Videoclips de alta definición incorporados

ENLACES WEB Enlaces cuidadosamente seleccionados con recursos seguros para niños

TRANSPARENCIAS Capas paso a paso de mapas, diagramas, cuadros y cronologías

MAPAS INTERACTIVOS Mapas interactivos e imágenes satelitales aéreas

CUESTIONARIOS Diez preguntas de elección multiple con puntaje automático que se envían por correo electrónico al docente para su evaluación

PALABRAS CLAVE Combinación de los conceptos clave con sus definiciones

CONTENIDOS

La Corte Suprema

El gobierno estadounidense influye en muchos aspectos de la vida de los Estados Unidos de Norteamérica. Un gobierno es un grupo de funcionarios que toman decisiones en nombre de otra gente. La forma de gobierno estadounidense es una democracia. Esto significa que el pueblo elige a sus funcionarios.

El gobierno de EE.UU. tiene tres poderes. Los miembros del poder legislativo sancionan las leyes. El poder legislativo está compuesto por la Cámara de Representantes y el Senado, las dos partes del Congreso. Los miembros del poder ejecutivo implementan las leyes. Este poder está compuesto por el presidente, el **Gabinete** y diferentes organismos gubernamentales.

El poder judicial está compuesto por los tribunales del país y la Corte Suprema. Esta corte es un tribunal con poder sobre todos los demás tribunales del país. Los miembros del poder judicial hacen cumplir las leyes. Pronuncian fallos de acuerdo a su interpretación de la **Constitución** de EE.UU.

▶ Washington, D.C. fue elegida capital del país para demostrar que los estados compartían el poder. El banco nacional se estableció en el estado de Pensilvania, perteneciente al norte, mientras que la capital se estableció cerca del estado de Virginia, en el sur.

La residencia y oficina del presidente es la Casa Blanca, que tiene **seis niveles.**

La Corte Suprema tardó **145 años** en tener su propio edificio en la capital de la nación.

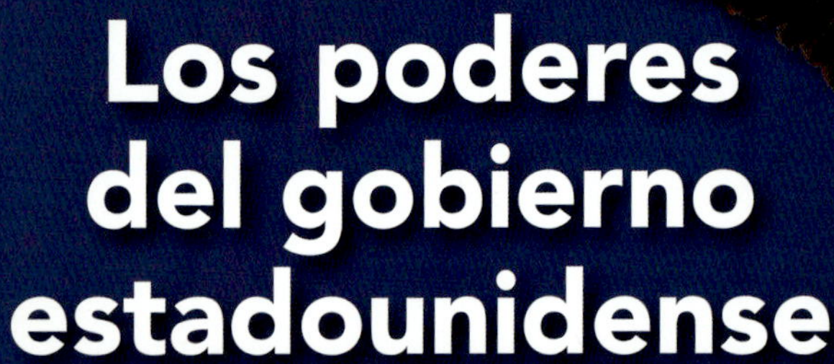

Los poderes del gobierno estadounidense

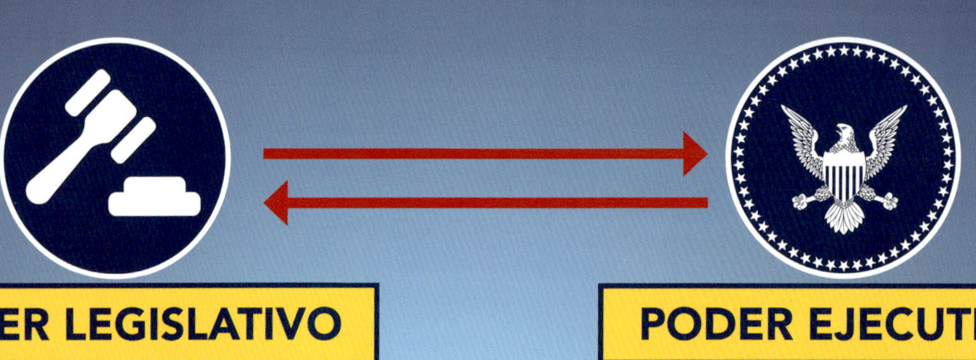

PODER LEGISLATIVO

CONGRESO

- Senado
- Cámara de Representantes

PODER EJECUTIVO

PRESIDENTE

- Vicepresidente
- Oficina Ejecutiva
- Gabinete
- Personal de la Casa Blanca
- Otros organismos

PODER JUDICIAL

CORTE SUPREMA

- Tribunales de apelaciones
- Tribunales de distrito

El sistema de gobierno federal

Estados Unidos tiene un gobierno central fuerte. Esto se conoce como un sistema de gobierno federal. Los tres poderes del gobierno tratan los problemas que afectan a todo el país, como las relaciones del país con el resto del mundo.

Los tres poderes del gobierno estadounidense se equilibran entre sí. El presidente **nomina** a los jueces de la Corte Suprema, pero el Senado debe aprobarlos. La Corte Suprema puede derogar una ley sancionada por los legisladores. El presidente puede impedir que una ley entre en vigencia, anulando las decisiones del Congreso, mientras que el Congreso puede remover al presidente de su cargo.

Pero, cada estado tiene su propio gobierno con su propia constitución. El jefe ejecutivo de un estado es el gobernador. Los estados también tienen un congreso y sus propios tribunales. Cada nivel del gobierno cumple un rol diferente. Los estados toman sus propias decisiones con respecto a la educación, los delitos y otros temas, pero pueden surgir disputas entre el gobierno federal y los gobiernos estatales. A veces, la Corte Suprema debe dirimir la cuestión.

Los gobiernos locales se encargan de sus parques, escuelas y otras organizaciones. La mayoría de los estados se dividen en áreas llamadas condados, con excepción de dos. Luisiana tiene pedanías y Alaska tiene municipios. Estas áreas se dividen a su vez en regiones más pequeñas, como ciudades o municipios. Sus funcionarios se encargan de los servicios de la policía, bomberos y emergencias médicas. También manejan los sistemas de desagües y recolección de residuos de sus respectivas regiones.

¿Qué es la Corte Suprema?

A la Corte Suprema a veces se la llama Tribunal Supremo. Cuando los jueces del Tribunal Supremo toman una decisión, su fallo se convierte en ley para todo el país. Los jueces de la Corte Suprema no se eligen, por lo que sus decisiones son totalmente imparciales. No necesitan intentar quedar bien con ningún votante.

Se ha establecido que el número de miembros de la Corte Suprema es nueve, pero la Constitución estadounidense no establece ningún número, por lo que el Congreso puede modificar la cantidad de jueces. Cuando un juez ingresa a la Corte, puede ocupar su cargo por tiempo indeterminado.

La mayoría de los casos que trata el Tribunal Supremo son **apelaciones** de fallos dictados por tribunales inferiores federales o estatales. Si la Corte Suprema evalúa un caso, los jueces pueden estar de acuerdo o en desacuerdo con el fallo del tribunal inferior. Si deciden no evaluar un caso, entonces permanece en vigencia el fallo del tribunal inferior.

Fallo definitivo. Para que la Corte Suprema emita un fallo, la mayoría de sus jueces debe estar de acuerdo. Esto significa que al menos cinco de sus miembros deben coincidir en su decisión. Luego, redactan un documento llamado dictamen mayoritario. El documento explica los fundamentos del fallo. Los fallos de la Corte Suprema son definitivos dentro de los Estados Unidos, es decir, no se pueden apelar ante ninguna otra autoridad.

▲ En las fotografías oficiales de los miembros de la Corte Suprema, los jueces usan las togas tradicionales. A veces, las juezas llevan un pañuelo de encaje en el cuello.

◀ John G. Roberts, Jr. fue nominado para integrar la Corte Suprema por el presidente George W. Bush. Roberts asumió su cargo en la Corte en 2005.

▲ La planificación oficial del edificio de la Corte Suprema comenzó en 1929. En 1935, la Corte se mudó a su lugar de residencia actual.

◀ El Artículo III de la Constitución estadounidense describe el rol de la Suprema Corte.

¿Cuál es el rol de la Corte?

La Corte Suprema es el juez que define la interpretación de la Constitución estadounidense. En su rol, la Corte es como un árbitro. Los jueces suelen decidir cuando otros funcionarios han actuado "en contra de las reglas".

A lo largo de la historia, la Corte ha puesto límites a las atribuciones del presidente. Por ejemplo, en 1952, el presidente Harry Truman tomó el control de las metalúrgicas cuyos trabajadores estaban en huelga. El país estaba combatiendo en la Guerra de Corea. Truman decía que se necesitaba el acero para fabricar las armas militares, pero la Corte falló en su contra. Los jueces dijeron que la Constitución no otorga al presidente la facultad de controlar las industrias.

La Corte Suprema también ha derogado leyes sancionadas por el Congreso y los estados. En los años 90, la Corte anuló una ley que le permitía al presidente **vetar** solo una parte de un proyecto de ley. Los jueces determinaron que el Congreso no podía cambiar lo que indica la Constitución con respecto al veto.

Caso por caso. La Corte Suprema recibe unas 7.500 solicitudes por año para revisar casos. Los jueces seleccionan cerca de 150 casos, los que consideren más importantes. En general, la Corte elige los casos en los que se necesite aclarar el significado de una ley. A veces, la Corte interviene cuando dos o más tribunales inferiores emiten fallos diferentes sobre una misma cuestión. En el edificio de la Corte Suprema trabajan más de 500 personas que ayudan a manejar las diferentes solicitudes y mantener la Corte organizada.

La historia de la Corte

La Constitución estadounidense estableció la Corte Suprema pero no dijo cuántos jueces debían integrarla. En 1789, se dictó una ley especial que establecía el número de jueces. La primera Corte tuvo un presidente y cinco jueces. En 1807, el Congreso aumentó el número de jueces a siete. Treinta años más tarde, este número aumentó a nueve. En 1866, el Congreso volvió a reducir la cantidad de jueces a siete y declaró que no se cubrirían más bancas hasta alcanzar ese número. Sin embargo, otra ley de 1869, volvió a aumentar la cantidad a nueve.

Durante los comienzos de la historia estadounidense, los jueces de la Corte Suprema también tenían que trabajar en los tribunales inferiores de todo el país. Los jueces pasaban la mayor parte del tiempo viajando. Esto se solucionó con la creación de más tribunales inferiores.

El poder de la Corte Suprema se incrementó en el 1800, principalmente debido a un fallo del año 1803 conocido como el caso Marbury. Esta era la primera vez que la Corte derogaba una ley por considerar que iba en contra de la Constitución, lo que la hacía inconstitucional. Con este fallo, la Corte estableció su poder de revisión judicial. Esto significa que la Corte decide si las leyes son constitucionales o no.

▶ En 2009, Sonia Sotomayor se convirtió en el primer miembro hispano de la Corte Suprema.

La primera Corte en D.C.
Cuando el gobierno de EE.UU. se mudó por primera vez a Washington, D.C., en 1800, la Corte se alojó en una sala del sótano del Capitolio.

William O. Douglas fue juez de la Corte por casi **36 años y 7 meses**, convirtiéndose en el juez más antiguo de un Tribunal Supremo.

George Washington designó a **11 miembros de la Corte**, la mayor cantidad de jueces nombrados por un presidente.

La Corte Suprema a lo largo DEL TIEMPO

1891 La Ley de la Judicatura crea los tribunales de apelación de los EE.UU., una instancia judicial que está por encima de los tribunales locales.

1931 En el caso *Near v. Minnesota*, la Corte Suprema decide que la Constitución protege a la prensa de los estados.

El periódico de Minnesota Jay Near publicó historias que relacionaban a funcionarios del gobierno con delincuentes. El gobierno del estado ordenó el cierre del periódico. La Corte decidió que un estado solo podía impedir que un periódico publique historias en casos excepcionales.

1937 El presidente Franklin D. Roosevelt se echa atrás después de haber sido acusado de "colmar" la Corte con adeptos.

Durante la **Gran Depresión**, Roosevelt logró que el Congreso sancionara leyes destinadas a aumentar el empleo y recaudar dinero. Sin embargo, la Corte Suprema derogó algunas de esas leyes, como la que establecía un salario mínimo para las mujeres y los niños. En 1937, Roosevelt intentó incorporar jueces adeptos a la Corte, pero hubo una protesta masiva de la gente que decía que estaba abusando de su poder.

1963 El caso *Gideon v. Wainwright* establece que los tribunales deben proporcionar abogados a las personas pobres acusadas de delitos.

En 1961, Clarence Earl Gideon fue acusado de robo. No podía pagar un abogado y el estado no le proporcionaba a nadie que lo defendiera. Desde la cárcel, escribió una carta a la Corte Suprema diciendo que la Constitución otorgaba a todos el derecho a tener un abogado. La Corte estuvo de acuerdo y Gideon salió en libertad gracias a la ayuda de un abogado.

Los jueces de la Corte Suprema tienen antecedentes diferentes. Algunos ocuparon otros cargos importantes antes de ingresar a la Corte. Durante muchos años, todos los jueces de la Corte fueron hombres y de descendencia europea. En las últimas décadas, la Corte se ha diversificado.

De cara al futuro

La Corte Suprema continuará tratando temas difíciles, como los de acción afirmativa. El término "acción afirmativa" se refiere a las leyes y reglas destinadas a compensar un tipo de injusticia llamada discriminación. La discriminación es el trato desigual que reciben los afro-americanos, las mujeres y otras personas por su raza, cultura o género.

El crecimiento de internet también está generando nuevos tipos de problemas. Por ejemplo, muchas compañías recaban información de la gente por internet. Aglunos creen que solo las personas tienen derecho a compartir o vender su información.

Mientras tanto, existe la preocupación cada vez mayor de que la Corte está demasiado politizada. Actualmente, en los Estados Unidos hay dos **partidos políticos** principales, el demócrata y el republicano. Los últimos presidentes han pertenecido a alguno de estos dos grupos. Los presidentes tienden a nominar jueces con antecedentes afines a sus opiniones. Por eso, mucha gente cree que son jueces republicanos y demócratas.

Racismo. En 2016, el Tribunal Supremo consideró los efectos de la acción afirmativa en las universidades. La mayoría de las universidades evalúan los antecedentes de los alumnos antes de aceptarlos e intentan armar clases con alumnos de diferente origen étnico. La Corte decidió que una universidad de Texas, y por ende las de otros estados, puede tener en cuenta la raza al decidir a quién admitir.

CUESTIONARIO

1. ¿A qué poder del gobierno federal pertenece la Corte Suprema?

2. ¿Qué cuerpo gubernamental decide la cantidad de jueces de la Corte Suprema?

3. ¿Cuándo se dice que algo es inconstitucional?

4. ¿Cuántas solicitudes de revisión de casos recibe la Corte Suprema por año?

5. ¿Quién fue el primer juez afro-americano de la Corte Suprema?

6. ¿Qué es el vestuario de la Corte?

7. ¿Cómo se divide el período de sesiones de la Corte?

8. ¿Qué día comienza el período de sesiones de la Corte Suprema?

9. ¿Quién fue la primera jueza de la Corte Suprema?

10. ¿En qué caso la Corte Suprema falló que las escuelas no podían estar separadas por razas?

RESPUESTAS: 1. Poder judicial **2.** El Congreso **3.** Cuando va en contra de la Constitución **4.** Cerca de 7.500 **5.** Thurgood Marshall **6.** La sala donde los jueces se colocan la toga antes de ingresar a la sala de la Corte **7.** Sesiones y recesos **8.** El primer lunes de octubre **9.** Sandra Day O'Connor **10.** *Brown v. Consejo de Educación*

Palabras clave

apelaciones: solicitudes que se hacen a un tribunal superior para que revise los fallos de los tribunales inferiores y decida si son justos y correctos

constitución: documento que define los poderes de un gobierno y describe su organización

defensa: pruebas y argumentos que demuestran que una persona acusada de un delito es inocente

enmienda: propuesta de cambio en el texto de un proyecto de ley o un documento, como la Constitución

escándalo Watergate: una serie de delitos y acciones inapropiadas que involucraron al presidente Richard Nixon y a funcionarios que trabajaban para él

fiscalía: los abogados que intentan probar la culpabilidad de una persona acusada de haber cometido un delito

Gabinete: grupo de personas que dirigen sectores del gobierno y asesoran al presidente

Gran Depresión: época de la década de 1930 en la que cerraron muchos bancos y mucha gente perdió su trabajo y su casa

incriminarse: decir que uno es culpable de algo

libertades civiles: derechos básicos de todos los ciudadanos en democracia, como la libertad de expresión

nomina: ofrece nombres para ocupar un puesto o cargo oficial

partidos políticos: grupos de personas con opiniones similares que trabajan juntas para ganar las elecciones

vetar: detener un proyecto de ley o impedir que se convierta en ley

Índice

SEAL OF THE SUPREME COURT OF THE UNITED STATES
E PLURIBUS UNUM

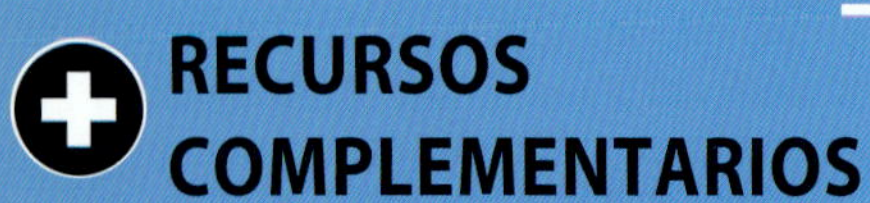

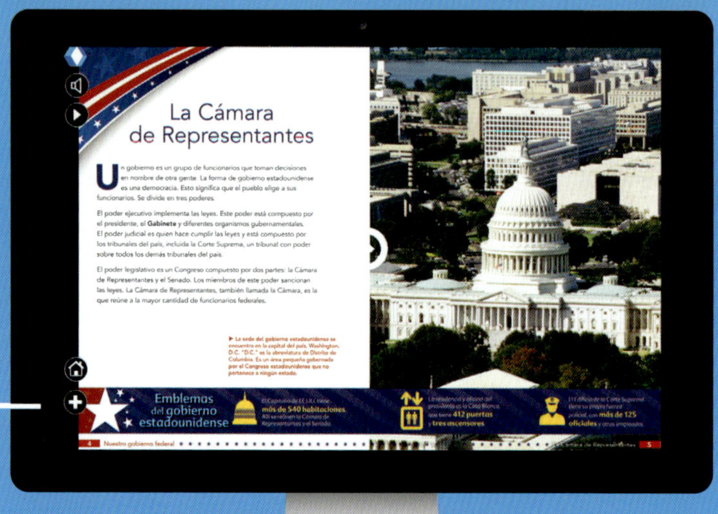

RECURSOS COMPLEMENTARIOS

Haga clic en el signo ➕ que se encuentra en la esquina inferior izquierda de cada hoja para abrir más recursos para docentes.

- Descargue e imprima los cuestionarios y actividades del libro
- Acceda a las correlaciones curriculares
- Explore otras aplicaciones web que optimizan la experiencia de Lightbox

TÍTULOS DIGITALES DE LIGHTBOX

Incluyen un paquete completo de medios integrados

VIDEOS

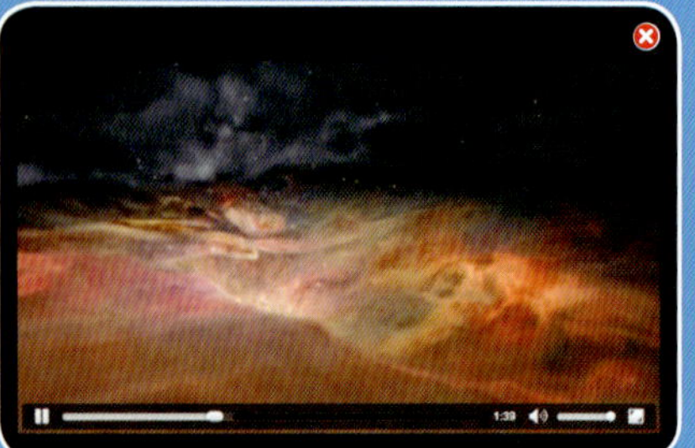

MAPAS INTERACTIVOS

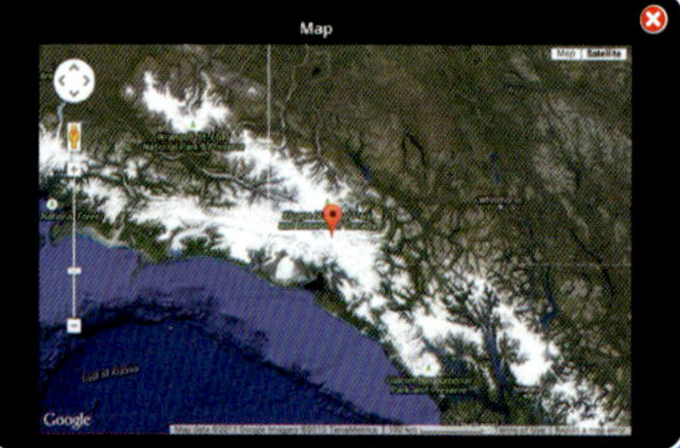

ENLACES WEB

PRESENTACIONES EN DIAPOSITIVAS

CUESTIONARIOS

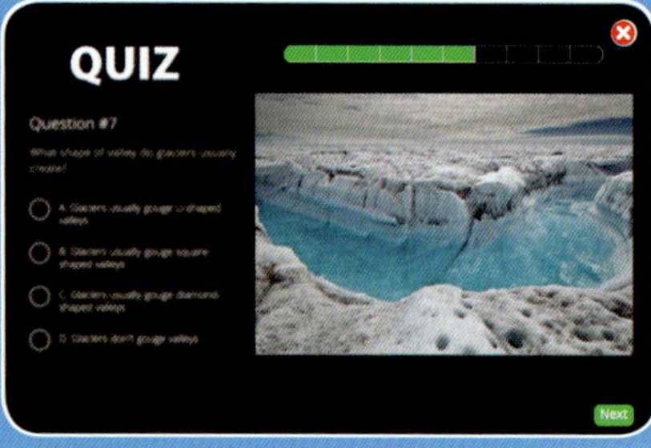

OPTIMIZADO PARA

- ✔ TABLETAS
- ✔ PIZARRAS ELECTRÓNICAS
- ✔ COMPUTADORAS
- ✔ ¡Y MUCHO MÁS!

Published by Smartbook Media Inc.
350 5th Avenue, 59th Floor
New York, NY 10118
Website: www.openlightbox.com

Spanish Project Coordinator Sara Cucini
Spanish Editor Translation Services LLC
English Project Coordinator John Willis
Designer Terry Paulhus

Library of Congress Control Number: 2018962634

ISBN 978-1-5105-4330-0 (hardcover)
ISBN 978-1-5105-4331-7 (multi-user eBook)

Printed in Guangzhou, China
1 2 3 4 5 6 7 8 9 0 24 23 22 21 20

012020
112019

Photo Credits
Every reasonable effort has been made to trace ownership and to obtain permission to reprint copyright material. The publisher would be pleased to have any errors or omissions brought to its attention so that they may be corrected in subsequent printings.

The publisher acknowledges Getty Images and iStock as its primary image suppliers for this title.